ÁNGELES

bos:editores

INTRODUCCIÓN AL MUNDO DE LOS ÁNGELES

Muchas veces, a lo largo de nuestras vidas, hemos sentido repentinamente un leve estremecimiento que nos sobreprotegía, una calidez que nos inundaba o una sensación agradable y calmante. Muchas veces nos encontramos perdidos ante una situación difícil, sin saber qué rumbo seguir o qué decisión tomar, y de forma inexplicable se nos clarifica e ilumina el camino, sin entender el modo en que lo logramos.

Si hacemos memoria y nos ponemos a recordar los laberintos inexpugnables por los que hemos transitado, seguramente alguna vez hemos pasado por esas experiencias. Seguramente las recordamos en forma grata, aunque enigmática.

Pues bien, con certeza, estábamos cerca de un ángel. O para decirlo de otro modo, un ángel descendió y vino a socorrernos, a acompañarnos y hacer más liviano nuestro camino.

Cuando los ángeles están presentes en nuestra conciencia humana, nos inspiran y nos guían para no olvidar nuestro origen espiritual.

La compañía y presencia de los ángeles nos ayuda a comprender el propósito de nuestras vidas, nos orienta en los caminos del amor, nos ofrece sendas de bienestar.

Los ángeles nos ayudan a no perder las esperanzas, a sentirnos protegidos y acompañados, a concebirnos seres más livianos con vidas más agradables, y por qué no, más felices. Los ángeles nos irradian fe.

Tener fe en la energía angélica nos ayuda a confiar en su poder, permitiéndole que opere en beneficio nuestro.

Tener fe es confiar en la fuerza del Universo, en el orden benéfico de las cosas y en la influencia positiva hacia nosotros. Es creer que el Universo está de nuestro lado, y que hace realmente lo necesario para que seamos felices.

Es hora de tener fe y relajarnos, de dejar que los poderes supremos de los ángeles nos protejan y velen por nosotros.

Al carecer de fe, realizamos vanos intentos de resolver lo que no podemos resolver y de controlar lo que no está a nuestro alcance y nos sentimos solos. Al carecer de fe, no aprovechamos el tiempo, es más, lo perdemos.

Cuando abandonamos el intento de controlar todo y nos entregamos a la magia angélica, los acontecimientos tienden a sucederse por sí solos en un orden que funciona, un orden natural.

Cuando concedemos el poder a algo mayor que nosotros, al encanto del poder angelical, aprendemos a confiar en él y logramos experimentar bienestar y amor.

Cuando nos entregamos y nos limitamos a sentir amor, nos sucede algo sorprendente, nos introducimos en un mundo de poder que está ya dentro de nosotros, concebimos al mundo cambiado porque nosotros cambiamos, nos sentimos amados por el mundo porque nosotros amamos al mundo.

Al entregarnos, nos despejamos de nuestra armadura y nos encontramos con nuestro yo espiritual. Y de esa manera comenzamos a estar atentos, perceptivos y comunicativos. Desarrollamos un don especial y emprendemos el camino de apertura hacia la magia y el encuentro con los ángeles.

Es todo lo que los ángeles necesitan, que amemos y vivamos momentos de entrega. De esa forma podremos recibir todo su poder y sus mensajes, para compartir con el mundo, para despertar todos los corazones y sanar las heridas del alma. Recibamos a los ángeles, confiemos en ellos, entreguémonos, y disfrutemos de todo lo que tienen para brindarnos.

LOS ÁNGELES Y SU MENSAJE

Ahora bien, para recibir los mensajes que los ángeles tienen para nosotros, les propongo lo siguiente:

• Primero, buscar un lugar tranquilo, sin interferencias.
• Rezar una oración es de suma ayuda y atrae protección.
• Si quiere ayudar a predisponer el ambiente, puede encender una vela blanca y un incienso. Las flores también ayudan a crear un clima de armonía y luminosidad, favoreciendo una profunda comunicación con los ángeles.
• Ha llegado el momento de respirar profundamente, despejar la mente, relajarse y estar dispuesto energéticamente para recibir ayuda angélica, a modo de guía, orientación, consejo, compañía.
• Puede simplemente relajarse y abrir el libro. O bien puede formular una pregunta sobre algo que lo aqueje y le esté dando vueltas por la cabeza, y no sabe cómo resolverlo o qué camino tomar. En este caso, piense bien en la situación que lo aflige o incomoda, visualícela claramente y ponga allí toda su energía. Vuélvase receptivo y pida ayuda a algún ángel. Él vendrá y le traerá esclarecimiento. Descenderá sólo para acompañarlo y compartir con usted el mensaje que tiene para ofrecerle.
• La página del libro en que se posarán sus manos tiene un ángel y ese ángel tiene un mensaje para usted. Ese mensaje fue seleccionado por una fuerza que no es la del razonamiento, sino la de la intuición. Es la fuerza que le ha hecho elegir lo que es beneficioso para su bienestar y evolución.
• El hecho de abrir el libro en una determinada página y no en otra significa que ha bajado el ángel exacto con un mensaje para guiarlo.
• Es importante que tome ese mensaje, lo lea con detenimiento y medite en él. Conéctese con el ángel, con su energía.
• Intente comprender el mensaje con el corazón, no con la razón. Aprovéchelo para crecer espiritualmente, para evolucionar y aumentar la luz que naturalmente lo acompaña. Utilice el mensaje para elevarse. El ángel que ha descendido hace tiempo que lo está esperando para ayudarlo y acompañarlo.

• Utilice el mensaje para crecer. Si realiza afirmaciones a partir del mensaje angélico y repite dichas afirmaciones con actitud positiva, se sentirá transformado, lleno de fuerzas mágicas que se manifestarán en actitudes y cualidades de vida.
• Es mucho más lo que podemos lograr con la ayuda de un ángel, que estando solos y sin ayuda.

Qué nos dicen sus mensajes

Los ángeles que se encuentran entre nosotros nos transmiten una energía particular.

Estas energías operan en nosotros como motores vitales; pueden impulsarnos a actuar, pueden ejercer en nosotros el poder de un calmante o bien pueden ayudar a despertarnos y darnos fuerzas para concretar determinados sueños.

Los ángeles se dividen en cuatro grupos que canalizan la esencia de los cuatro elementos: agua, aire, tierra y fuego. Estos grupos responden a las órdenes de los cuatro arcángeles que los comandan: Gabriel, Rafael, Uriel y Miguel.

Los ángeles nos transmiten la esencia y el poder de los cuatro elementos que componen el cosmos y que energéticamente corresponden a:

Agua: nivel emocional o sentimental.
Aire: nivel mental o de inspiración.
Tierra: nivel físico o concreto.
Fuego: nivel espiritual o energético.

Grupos de ángeles

Ángeles de Agua (color azul)

Si ante tus oraciones o pedidos, desciende un ángel de agua, es hora de abrir tu corazón, sentir su presencia divina y dejarte inundar por su energía. Su figura es sanadora; ellos vienen a limpiar, curar, dar nueva vida a tus sentimientos y afectos.

Los ángeles de agua traen consigo el más puro de los líquidos, el agua de las fuentes vitales, donde es beneficioso sumergirse y poder renacer.

Son ángeles de calma, paz, protección. Te conducirán a las profundidades de ti mismo.

Déjate llevar, confía en ellos y llega a la plenitud interior.

- Paciencia
- Transformación
- Claridad
- Salud
- Nacimiento
- Bendición
- Amor
- Paz
- Curación
- Perdón
- Gratitud
- Afecto
- Purificación

Ángeles de Aire (color amarillo)

Ante la presencia de un ángel de aire, el consejo es alivianarte, aligerarte. Es hora de despojarte de la pesadez de tantos pensamientos, liberarte de tanta gravedad.

Puedes darle un toque de humor a tus días, recibir y disfrutar la música y los colores que te traen los ángeles, alegrarte y cambiar el modo de ver las cosas.

Los ángeles de aire traen aires nuevos, refrescan y renuevan. Son ángeles de alegría, inteligencia, ligereza.

- Libertad
- Espontaneidad
- Flexibilidad
- Alegría
- Compañía
- Ternura
- Desapego
- Compasión
- Deleite
- Belleza
- Gracia
- Verdad
- Honestidad
- Fe
- Bondad
- Apertura
- Serenidad
- Humor
- Comprensión

Ángeles de Tierra (color verde)

Si ha descendido un ángel de tierra, es hora de concretar; has recibido la fuerza necesaria para lograrlo. Utiliza a los ángeles para construir lo que te propongas, no pospongas el momento.

Los ángeles que te han encontrado para darte su mensaje te traen fuerza, riqueza y abundancia, flores y frutos. Te orientan en el camino más seguro, te ayudan a sembrar y cuidar los sueños para que se transformen en realidad.

Son ángeles de realización, practicidad y materialización.

- Perfección
- Sabiduría
- Creatividad
- Disponibilidad
- Abundancia
- Cooperación
- Inspiración
- Armonía
- Equilibrio
- Integridad
- Poder
- Expectativa
- Educación
- Simplicidad

Ángeles de Fuego (color rojo)

Acciones son lo que traen los ángeles de fuego. Si ha venido a tu encuentro uno de estos ángeles, es hora de poner manos a la obra. Puede ser una acción orientada hacia el exterior o hacia tu interior. Siente la vibración del ángel, ha encendido antorchas, lámparas y lanzas.

Son acarreadores del fuego de la gestión.

- Orden
- Positividad
- Confianza
- Entrega
- Entusiasmo
- Síntesis
- Fuerza
- Propósito
- Fraternidad
- Aventura
- Valentía
- Luz
- Comunicación
- Unión
- Comunión
- Conciencia de grupo

LOS ÁNGELES EN LA RELIGIÓN

A lo largo de los siglos, los más grandes profetas, santos y poetas de la historia se han referido a los ángeles. Durante generaciones enteras se ha cantado sobre ellos, se los ha esculpido y pintado, se los ha soñado.

La Biblia los menciona en muchas oportunidades. Muchos de nosotros los hemos invocado en nuestras plegarias y oraciones y acudimos a ellos en momentos críticos de nuestras vidas.

Según la Sagrada Escritura, Dios es creador no sólo de todo el mundo creado, sino también de las "cosas invisibles". Refiriéndose a las "cosas invisibles", se hace mención a la existencia de los ángeles. Dios "creó de la nada juntamente al principio del tiempo, a ambas clases de criaturas: las espirituales y las corporales, es decir, el mundo angélico y el mundo terrestre; y después, la criatura humana que, compuesta de espíritu y cuerpo, los abraza, en cierto modo, a los dos" (Const. De fide Cath... DS 3002). O sea: Dios creó desde el principio ambas realidades: la espiritual y la corporal, el mundo terreno y el angélico.

Los ángeles, criaturas puramente espirituales, se presentan a la reflexión de nuestra mente como una especial realización de la "imagen de Dios", Espíritu perfectísimo.

Los ángeles son, desde este punto de vista, las criaturas más cercanas al modelo divino. El nombre que la Sagrada Escritura les atribuye indica la verdad sobre las tareas de los ángeles respecto a los hombres. Ángel (ángelus) quiere decir, en efecto, "mensajero".

El término hebreo "malak", usado en el Antiguo Testamento, significa más propiamente "delegado" o "embajador".

Por lo tanto, según la Biblia, los ángeles, criaturas espirituales, tienen función de mediación en las relaciones entre Dios y los hombres.

La Iglesia celebra la fiesta de los ángeles custodios desde el siglo XVII. Fue instituida por el Papa Clemente X. Compartimos con ustedes la oración al Ángel Custodio (o de la Guarda):

ORACIÓN

Ángel santo de la guarda, compañero de mi vida, tú que nunca me abandonas, ni de noche ni de día. Aunque espíritu invisible, sé que te hallas a mi lado, escuchas mis oraciones y cuentas todos mis pasos. En las sombras de la noche, me defiendes del demonio, tendiendo sobre mi pecho tus alas de nácar y oro.

Ángel de Dios, que yo escuche tu mensaje y que lo siga, que vaya siempre contigo hacia Dios, que me lo envía.

Testigo de lo invisible, presencia del cielo amiga, gracias por tu fiel custodia, gracias por tu compañía. En presencia de los ángeles, suba al cielo nuestro canto:

gloria al Padre, gloria al Hijo, gloria al Espíritu Santo. Amén.

Himno de la Liturgia de las Horas.

Los ángeles rebeldes y la Iglesia

Los ángeles, seres sumamente inteligentes, poseen también una gran libertad, que algunos utilizaron contra Dios y contra su plan de salvación con respecto a los hombres.

Debido a saberse con tales capacidades, se llenaron de un gran orgullo y soberbia y eligieron volverse contra Dios. Al estar plenamente conscientes de la magnitud de su decisión (que no es producto de un error o de una debilidad, como en el caso de los hombres), su rebeldía y opción contra Dios son radicales e irrevocables.

La caída de los ángeles rebeldes, con el consiguiente estado de condena, consiste en la libre elección hecha por aquellos espíritus creados, los cuales radical e inequívocamente han rechazado a Dios y su reino, usurpando sus derechos soberanos y tratando de trastornar la economía de la salvación y el ordenamiento mismo de toda la creación.

La Iglesia enseña que el diablo y los otros demonios "han sido creados buenos por Dios pero se han hecho malos por su propia voluntad". El pecado ha sido tanto más grande cuanto mayor era la perfección espiritual y la perspicacia cognoscitiva del entendimiento angélico, cuanto mayor era su libertad y su cercanía a Dios.

"El diablo", ángel rebelde

Así como la Iglesia afirma la existencia de los ángeles, reconoce también la existencia del Ángel Rebelde, a quien se conoce como "Satanás". El hombre cristiano reconoce su existencia, pero confía en la Providencia Divina. Se acoge a la Gracia de Dios, permaneciendo siempre fiel a la Palabra de Jesús, unido a Él con la oración y los Sacramentos, viviendo la Caridad, primer mandato del Señor. De esta forma está seguro de que el maligno no perturbará su alma y de que al final de su vida, el bien prevalecerá contra el mal.

Satanás evoca una actitud de antagonismo constante. Quiere inducir al hombre al rechazo de Dios y a la transgresión. Es llamado "artífice de la muerte", porque por él entra el pecado en la historia del hombre, por lo tanto, la muerte. Es "padre de la mentira" (Jn 8,44), por haber rechazado la verdad conocida sobre Dios. Vive en la radical e irreversible negación respecto a Dios y trata de imponer a la creación su trágica "mentira sobre el Bien". Etimológicamente, la palabra "diablo" viene del griego "diaballein". Significa: causar destrucción, dividir, engañar, calumniar.

LOS ÁNGELES ENTRE NOSOTROS

Necesitamos descender el Cielo a la Tierra para poder descubrir el "maravilloso mundo" de los ángeles, para poder compartir con ellos nuestras vidas, para poder "ser" ángeles nosotros también. Casi nunca pensamos en ellos, salvo cuando nos encontramos envueltos en tinieblas, cuando estamos en crisis y necesitamos desesperadamente ayuda y compañía…

Sin embargo, aunque no los evoquemos, aunque sólo recurramos a ellos en momentos de amargura y desesperanza, ellos siempre están entre nosotros, exactamente delante de nuestros ojos, todo el tiempo.

Vivimos una época en la que, más que nunca, necesitamos la presencia de los ángeles.

Ellos regresan para ayudarnos, para orientarnos en el curso de los intereses humanos, que todavía siguen el camino del pensamiento y de la acción. Un camino centrado en el miedo. Ellos nos guiarán hacia una actividad y pensamiento centrados en el Amor.

A lo largo de la historia, cada religión, cultura y nación, en todas partes del mundo, alaba a estos seres bellos, por ser los más altos representantes del amor puro y la buena voluntad. El sólo hecho de mencionarlos, nos embriaga de ternura, nos inunda de luz y gozo.

El Amor de los ángeles es canalizado a través de todo ser humano cuya conciencia esté abierta para vivir con ellos un compartir incondicional. Todo ser humano que esté perceptivo a recibir una comunicación directa al corazón y dispuesto a eternizar, con amor, cada momento de la vida.

¿Quiénes son los ángeles?

• Los ángeles son seres que viven en la presencia de Dios. Hablar de ángeles es como hablar de poesía.

• Cuando pensamos en ellos, a nivel consciente, elevan nuestra alma más allá de sus límites, nos encienden y encandilan, alimentan nuestro espíritu.

• Nos inspiran a contactar la esencia de todo lo que existe y a no olvidar nuestro origen espiritual. La presencia angélica nos recuerda y clarifica nuestro propósito en la vida.

• Los ángeles son mensajeros de Dios y traen a nuestras vidas luz y poder del cielo.

• Dios, padre, irradia su luz a todo el Universo, y los ángeles tienen la misión de asegurar la llegada de esa energía a cada criatura, y en especial a los humanos. Los ángeles tienen una misión de amor.

• Los ángeles son seres íntegros, revelan la presencia de la bondad en todas las cosas.

• Los ángeles nos orientan, nos hacen sentir que el mundo nos da la bienvenida.

• Los ángeles pueden ayudarnos a sacar la bondad que ya está en nosotros.

• Si haces silencio y te concentras, si dejas que tu alma se conecte con ellos, escucharás su voz, escucharás su canto. El canto de un ángel es más dulce que cualquier arrullo de río, más tierno que cualquier sonido en la tierra. Está hecho con los instrumentos del amor.

• Los ángeles están aquí para recordarnos que no hemos sido olvidados, y para extendernos una mano si los necesitamos.

LOS ÁNGELES SEGÚN LAS TRADICIONES DE ORIENTE Y OCCIDENTE

Según las tradiciones de todo el mundo, los ángeles son energía, esencia; son seres que integran el mundo sagrado y espiritual, así como el mundo terrestre y dual del tiempo y del espacio.

Para la tradición occidental, los ángeles son una prolongación de la energía superior de Dios que llega hasta la Tierra, con el fin de traer un mensaje de amor y perfección. El ángel es un prototipo arraigado en el inconsciente colectivo. Para la tradición occidental, el contacto con el Cielo, el mensaje elevado al Ser Supremo, se logra mediante oraciones. Son los ángeles quienes se encargan de elevar los pedidos a Dios, y de traer mensajes o dones a modo de respuesta.

Por otro lado, para los orientales, la función de los ángeles de traer mensajes de amor y perfección puede ser cumplida también por otros seres. Estos seres, superiores al resto de los humanos, pueden ser reencarnaciones de sabios sagrados o de deidades.

Para los orientales, el acercamiento del Cielo con la Tierra se logra mediante ejercicios tales como la meditación, en la que los seres se disuelven en el Todo.

NUESTROS ÁNGELES EN LA TIERRA

Muchos de nosotros, probablemente, sintamos que aún no hemos sido bendecidos con la aparición de ángeles. No hemos recibido sus visitas, no hemos soñado con ellos ni disfrutado de sus apariciones. Sin embargo, no debemos pensar que fuimos olvidados. Simplemente no nos hemos dado cuenta de que la presencia angélica puede ser revelada en personas cercanas a nosotros o en nuestro propio interior.

Cuando realmente hayamos aprendido a volar en nuestras vidas, podremos percibir la magia angélica a nuestro lado. Recién ahí, podremos sentir la presencia de estos seres mágicos acompañándonos.

Nuestros ángeles más cercanos son como luces que resplandecen en el medio de nuestras vidas. Personas que son muy especiales para nosotros, que forman parte de nuestro grupo más amado. Y de esta forma también nos convertimos nosotros en ángeles de ellos.

Para descubrir a nuestros ángeles más cercanos no tenemos más que mirar hacia nuestro interior, ya que podemos descubrirlos desde dentro hacia fuera; el ángel que vive dentro nuestro nos puede orientar en el camino del descubrimiento de los otros ángeles.

Un ángel es todo aquel que nos enseña a crecer. Es un extraño que nos mira a los ojos con amor. Es alguien que nos está esperando para extendernos la mano, cuando nosotros extendemos la nuestra. Un ángel es quien nos enseña todo acerca del cielo, es quien nos trae el cielo hacia la tierra y nos ayuda a volver a creer en los milagros.

Recordemos que todos en la tierra somos ángeles, aunque sólo sea por un breve instante.

Cuando amamos a alguien, somos ángeles. Hasta nuestro peor enemigo puede convertirse en un ángel, después de todo.

Si aprendemos a juntar fuerzas, a utilizar el conocimiento para hacer el bien y a disfrutar de la vida, no tengamos dudas de que encontraremos a nuestro ángel interior. Aprendamos a volvernos transparentes, livianos y fuertes a la vez; aprendamos a elevarnos y confiemos en nuestra intuición. Encontraremos al ángel interior y nos regocijaremos con su compañía.

ESENCIA Y FUNCIÓN DE LOS ÁNGELES

Los ángeles, prolongación energética de Dios, pura bondad, espíritu y perfección, están en la Tierra, básicamente, para ayudarnos.

Los ángeles no son humanos, por ende son perfectos e inmortales. Fueron creados por Dios para auxiliarnos y estar a nuestro lado. Son el puente que comunica al Cielo con la Tierra, el nexo entre Dios y los hombres, los encargados de enseñarnos e iluminarnos, de mostrarnos la dimensión celeste aquí, en la Tierra.

Estos seres mágicos, los ángeles, no tienen cualidades, son cualidades. Expresan una cualidad del Cielo y la irradian.

La misión en la que están inmersos es la de amar a Dios y a la vida en todas sus formas. Pero muy especialmente, y por sobre todas las cosas, la misión de amar y cuidar a los seres humanos.

Los ángeles no quieren nada de nosotros, excepto nuestra felicidad.

La parte más importante de ellos no es física, al igual que el amor o la felicidad. Es por esto que siempre han sido impalpables y difíciles de retener.

A diferencia de la especie humana, los ángeles son incorruptibles, no tienen libre albedrío.

La esencia de su existencia es estar atentos y ocuparse del bienestar nuestro, especie humana dotada de libre albedrío.

Los seres humanos estamos capacitados para optar, dudar y elegir de acuerdo con nuestra voluntad. De esta manera, nos enfrentamos al esfuerzo y al trabajo, al mérito y al triunfo.

En este camino de compromisos y responsabilidades, podemos optar por caminar solos o pedir ayuda. Desde el Cielo, se nos es ofrecida una energía poderosa, una ayuda mágica con la que podemos contar. Y allí están ellos, los ángeles, esperando por nuestra invocación.

La posibilidad de saber elegir, de buscar y aceptar la ayuda del Cielo nos abre las puertas hacia la felicidad, hacia un camino basado en el amor y en la fe.

Y allí están ellos, esperando por nuestra correcta elección, expectantes de nuestro llamado para poder acercarse a nosotros.

Pero es necesario creer en ellos, rezar, pedir y actuar con respeto y transparencia. Es lo único que piden de nosotros, ya que si no confiamos en su poder, ellos no pueden manifestarse.

Los ángeles tienen la función de instruirnos, ayudarnos, ser mensajeros de Dios y traernos la salvación, pero si dudamos de ellos, pueden sentirse heridos u ofendidos y volverse silenciosos. Si queremos descubrirlos y elegimos su compañía, entonces, confiemos en ellos.

Los ángeles son una energía que nos envuelve y eleva. Nos llenan de gozo y alegría, nos protegen y alivian cuando la carga se nos hace muy pesada. Los ángeles son seres livianos y al traernos el Cielo a la Tierra, nos traen su liviandad. Aprovechemos esa liviandad para aligerar nuestros pasos por la vida. Aprendamos de su andar, para poder elevarnos.

Ellos siempre, a través de sus consejos y mensajes, hablan de aligerar el cuerpo, de levantar vuelo y vencer todo obstáculo pesado.

Cuando aprendamos a transitar la vida sin llevar a cuestas la carga de los malos pensamientos, el egoísmo, el odio, los celos, la envidia… cuando aprendamos a despojarnos de todo eso, aprenderemos la liviandad del buen vivir.

Aprenderemos a disfrutar de cada momento, de vivir con humor y alegría.

Aprenderemos a bailar al son de la música angelical. A reír en esta gran fiesta, a la que nos han invitado a participar, y en la que podemos ser protagonistas.

No lo desperdiciemos, elijamos la ayuda y compañía de los ángeles y seamos felices. Es una opción más que nos presentan. Está en nosotros, quienes contamos con el libre albedrío, elegir uno u otro camino.

Confiemos en nuestro ser angélico, sólo él puede guiarnos hacia el Cielo. Aunque haya alguien delante nuestro, nuestro verdadero guía es nuestro ángel. Si lo seguimos y confiamos en él, nunca iremos por mal camino.

Confiando en nuestro ser angélico, en nuestro ángel interior, nos sentiremos seguros y en casa.

FORMA DE LOS ÁNGELES

A pesar de que nunca hayamos visto a un ángel, ellos tienen forma y sustancia. Al descender hacia la Tierra, se materializan. Sin embargo, si no cultivamos la sensibilidad a la belleza, difícilmente podamos captar su presencia.

La belleza del ángel es sutil; para apreciarlos debemos desarrollar ojos sutiles, oído sutil y tacto sutil.

Al sentir cerca la presencia angélica, se siente un fuego interno como un dulce calor. Esta sensación se expande de adentro hacia fuera, envolviéndonos en un suave arrullo.

Para captar la presencia de un ángel y verlo manifestarse, como dijimos, es necesario cultivar la sensibilidad. Y de acuerdo al grado de sensibilidad al que lleguemos, y al canal que más hayamos desarrollado o tengamos predispuesto en ese momento, será la imagen que obtengamos del ángel.

Visualmente se lo ve con forma antropomórfica en la imagen de un ser perfecto, puro y espléndido. Puede aparecer también en forma de luz o de perfume.

Si en el momento de bajar un ángel, tenemos más abierto el canal sensorial, podremos percibirlo como un leve roce en la piel, la transmisión de su energía o el suave contacto de sus alas o cabellos. Simplemente se trata de que prestemos mucha atención y estemos dispuestos a percibirlos. Es casi imposible no sentir el calor que inunda el cuerpo y el bienestar que se produce cuando se acerca un ángel.

Jerarquía Angelical

Según la tradición hebrea, el Universo es una jerarquía, que parte de un punto elevado y central, pleno: Dios, que en forma circular y concéntrica se expande hasta el infinito a través de los ángeles organizados en nueve coros.

Los ángeles se agrupan en jerarquías, partiendo de ese punto central.

Los nueve coros están colocados en tres niveles descendientes o Cielos.

La tríada más elevada está compuesta por Serafines, Querubines y Tronos, que reciben la iluminación de Dios, en forma directa. La siguiente tríada, que gira en torno de Dios, está formada por las Dominaciones, Virtudes y Potestades. Reciben la iluminación y la transmiten a la tríada inferior, los Principados, Arcángeles y Ángeles.

El Cielo de la Forma

El Cielo de la Forma es el primero de los tres niveles del Cielo, y los ángeles de este dominio, los Arcángeles, los Ángeles (o Ángeles Guardianes) y los Principados, son los mÁs próximos a la humanidad. Son nuestro contacto primario con los dominios angélicos, y nos ofrecen asistencia tanto personal como transpersonal para traer orden y felicidad a nuestras vidas.

Su objetivo es el de ayudarnos a comprender que la Divinidad se halla en cada uno de nosotros y en todo lo que nos rodea. Proporcionan el espíritu de amor y protección que es vital para la alimentación de nuestras almas en este plano terrenal. Sin un contexto espiritual en el que enmarcar nuestras experiencias mundanas, quedaríamos como despojados. Cuanto más rodeados de amor vivimos, más nos alineamos con los dominios celestiales.

Los Arcángeles

Los Arcángeles manifiestan el liderazgo de Dios y son los que comandan las legiones de ángeles, quienes responden a su autoridad. Nos proporcionan revelación y nos suministran todas las herramientas necesarias para nuestro desarrollo espiritual. Nos ofrecen la cualidad mÁs elevada de ayuda y amor celestiales que podamos usar en nuestras vidas diarias. Se nos da su luz y fuerza para guiarnos de vuelta al poder de nuestro verdadero interior, a través del cual podemos convertirnos en co-creadores del Universo, junto a Dios. Son, en efecto, protectores de la humanidad, y tienen funciones específicas que ayudan al espíritu colectivo y universal de la raza humana.

Debido a su capacidad de penetrar la sustancia material, los Arcángeles transforman la energía terrestre y nos recuerdan las limitaciones de nuestras pequeñas mentes. Cuando aceptamos su presencia, estamos invitando a los milagros a que entren en nuestras vidas. A lo largo de las edades la gente se ha vuelto hacia los Arcángeles en busca de socorro y apoyo.

Los Ángeles o Ángeles Guardianes

Mientras que los Arcángeles reinan sobre toda la humanidad, los ángeles se unen a individuos, manifestando la protección de Dios hacia todas sus criaturas.

Son los Ángeles Guardianes, quienes vigilan el crecimiento espiritual de los individuos a lo largo de sus vidas, y protegen y defienden sus almas.

Cada ángel puede haber estado con un alma concreta durante muchas vidas, ayudando a ese individuo a reunir las lecciones de cada vida hasta que, finalmente, sabe que es uno con Dios. Ese conocimiento se denomina iluminación.

El Ángel Guardián representa las diferentes etapas de desarrollo a través de las cuales pasamos en nuestras vidas. Son un símbolo de los pasajes que todos recorremos conforme maduramos y nos desarrollamos a lo largo de nuestro sendero. Podemos recurrir a estos Guardianes en busca de guía y ayuda, siempre que estemos bloqueados en nuestra vida. Nos aman incondicionalmente. Su ayuda estÁ disponible en cualquier momento en que nos abramos a aceptar su presencia Divina.

Los Principados

Los Principados son los protectores, ayudantes y guías de las razas, naciones y ciudades. Manifiestan el dominio de Dios sobre la naturaleza y su principal misión es ocuparse de la armonía entre los cuatro elementos (aire, agua, tierra y fuego).

Se dice sobre ellos en la Biblia, que tenían una influencia fuerte y poderosa sobre el destino de grandes masas de gente.

Representan el espíritu colectivo de diferentes tipos de humanidad y su presencia combinada equivale al espíritu de un lugar.

Los Principados ayudan a la humanidad otorgando bendiciones y guía, siempre que esté implicado el bienestar de las naciones. Intentan relacionar las decisiones de los gobernantes con los conceptos universales de verdad y justicia.

Los Principados se relacionan directamente con cada uno de nosotros y con nuestras vidas. Se centran en los aspectos psicológicos del mundo tridimensional y pueden ayudarnos a comprender la esencia de nuestras situaciones.

Se los representa con cetros y cruces, y son los portadores del don del equilibrio.

El Cielo de la Creación

El Cielo de la Creación es el segundo nivel de los reinos celestiales. Podemos conectarnos con su energía, altamente delicada, para iluminar nuestras relaciones personales.

Los ángeles de este reino son conocidos por sus nombres específicos de Potestades, Virtudes y Dominaciones. Todos ellos nos ayudan a amarnos y entendernos unos a otros.

Los ángeles del Cielo de la Creación ayudan a volver mas fáciles las relaciones que nos resultan trabajosas y estresantes, de modo que nuestra vida tenga significado e intimidad.

Estos ángeles tratan de enseñarnos a querernos unos a otros lo mejor que podamos. Dentro de cada uno de nosotros se halla el corazón de un ángel; si pudiéramos, tan solo, dejarlos manifestarse a través nuestro, viviríamos felices.

Los ángeles del Cielo de la Creación nos proporcionan las herramientas que necesitamos para hacer que nuestras relaciones funcionen. Están siempre tratando de mostrarnos medios saludables e integrales que nos permitan florecer como espíritus libres y creativos.

Es en las relaciones donde tenemos la oportunidad de conocernos a nosotros mismos. Nos ayudan a aceptar nuestras limitaciones, expandir nuestros horizontes y desarrollar nuestras fortalezas. Contienen dentro de ellos los espejos que concuerdan con nuestras almas. Nos ayudan a identificar nuestra capacidad de amor, placer y humor.

Nos ayudan a purificar nuestras necesidades y a examinar nuestras ambiciones y deseos. Nos muestran las alturas y las profundidades de las emociones. Es a través de las relaciones cOmo los ángeles nos enseñan acerca del amor y la sabiduría. Nos ofrecen la clave de la libertad y la confianza cuando nuestras vidas pueden hallarse nubladas de infelicidad. Ellos están ahí para allanar el camino, de modo que nuestras relaciones puedan darnos gozo y placer.

LOS ÁNGELES QUIEREN QUE SEAMOS FELICES Y GOZOSOS

Su intención es la de vernos realizados en todos los sentidos. Nos ofrecen su apoyo y su amor para ayudarnos a encontrar nuestro gozo. Nutren y protegen nuestras almas de modo que podamos vivir a partir de nuestra libertad y expresar plenamente nuestras naturalezas creativas.

Los ángeles nos recuerdan que tenemos la libertad de hacer nuestras vidas tan placenteras y felices como queramos. Depende por lo tanto de nosotros hacerlas venturosas y expresar nuestra gratitud por todo lo que nos ha sido dado, pues no hay verdadera curación sin la gratitud.

LAS POTESTADES

Estos ángeles manifiestan el poder de Dios, o sea, la fuerza de la luz.

Son representados con cascos, armaduras y espadas llameantes. Son ángeles protectores y guerreros. Protegen a la humanidad de todos los enemigos exteriores e interiores, por esto son llamados los ejércitos de Dios.

Su función celestial es la de proteger nuestras almas, que prosperan mejor en una atmósfera de tranquilidad y paz. Cuando buscamos una vida pacífica, los ángeles nos ayudan a transformar en serenidad el tumulto emocional de nuestras vidas. Saben que somos más felices y más sanos cuando buscamos la paz en nosotros mismos y en nuestro mundo. Tenemos entonces la oportunidad de brillar emocionalmente y convertirnos en individuos creativos.

Las Potestades tienen absolutamente claro, no obstante, que es cosa de nuestro libre albedrío desear este modo de vida. Nunca se nos imponen, sino que permiten a nuestra libre elección florecer y brotar conforme evolucionamos, desde la lucha y la supervivencia hasta convertirnos en humanos completos e integrados. Cuando elegimos la paz, las Potestades nos ayudan a liberar de nuestras vidas cualquier cosa que sea conflictiva y dramática. Nos ayudan a encontrar modos pacíficos para que nuestras almas prosperen de manera que, al final, podamos ser felices.

Las Virtudes

Las Virtudes manifiestan la voluntad de Dios, y son representadas como bebés con alas y sin cuerpo. Esto simboliza la rapidez con que la voluntad de Dios llega hasta los confines del Universo. La función celestial de las Virtudes es la de transformar nuestros pensamientos en materia. Son el eslabón esencial en el proceso que llamamos manifestación. Esto significa que lo que queremos y deseamos puede ser transformado en realidad material, por nuestra firme intención de crearlo. Cuando aceptamos que algo puede volverse una posibilidad real para nosotros, y nos desprendemos de la idea de ello y confiamos con todo nuestro corazón, entonces, si es para nuestro bien más elevado y nuestro más grande gozo, entrará en nuestras vidas.

Las Virtudes ayudan durante el proceso de transformar nuestros sueños en realidad. Nos enseñan que somos libres de desear cualquier cosa que creamos que nos dará felicidad y placer. Nos recuerdan lo importante que es confiar en lo positivo y ser creativos en nuestro pensamiento.

Las Virtudes nos dan lecciones de libertad, confianza y fe. Es su guía a lo largo de los tiempos duros y difíciles lo que nos sostiene. Conforme crecemos, se requiere confianza en el proceso de la vida misma para saber que estamos avanzando hacia la Luz y hacia nuestra propia individualización.

La fe es la cualidad más esencial para saber que todo es posible y que estamos verdaderamente protegidos y guiados.

Las Dominaciones

Las Dominaciones manifiestan la soberanía de Dios, y se las representa, por eso, con cetro y espada (ambos símbolos del Poder divino sobre toda la creación).

Las Dominaciones ofrecen a la humanidad la cualidad de la misericordia. Nos ayudan a reconciliar nuestro pasado y a encontrar el perdón en nuestros corazones.

También nos traen el don de la sabiduría, capacitándonos para vivir en un estado de gracia. Nos ayudan a estar más plenamente en el presente, liberando la pesada energía de recriminaciones pasadas, que pueden pesar grandemente en nuestros espíritus y detener nuestra fuerza creativa. Despiertan en nosotros la fuerza para vencer a nuestros enemigos interiores, estableciendo la supremacía de Dios sobre todas las oscuridades.

Las Dominaciones son ángeles de gran luz y sensibilidad. Saben que a menudo, para la mayoría de nosotros, el perdón es una de las cosas más difíciles de pedirnos.

Cuando ha habido un gran sufrimiento, a veces durante generaciones, el odio y el dolor están enraizados en nosotros. Estos espíritus divinos alivian amorosamente el peso de nuestro sufrimiento y hacen que nos sea posible abandonar el pasado y vivir más plenamente el momento.

Siendo las enfermedades manifestaciones de enemigos interiores, tales como la culpa o el no perdón, son las Dominaciones ángeles curadores, quienes nos pueden ayudar a vencerlas.

El Cielo del Paraíso

Llegamos al nivel del Cielo que se halla más próximo a la Presencia Divina. Nuestras almas hallan aquí su hogar, sintonizadas con la sabiduría y el amor Divinos.

Es dentro de este reino donde vivimos desde la realidad de nuestros corazones, y donde sentimos que no hay separación entre nuestra voluntad y la voluntad de Dios.

El Cielo del Paraíso es el reino de la bienaventuranza y el gozo puro. Es donde la Creación sucede sin esfuerzo, y donde nuestras experiencias humanas son armoniosas y completas. No existe aquí confusión o necesidad de supervivencia, pues el espíritu ha trascendido las disputas terrenas.

En el Cielo de la Forma los ángeles nos ofrecieron la ayuda que necesitábamos para manejar nuestras vidas en el plano físico. En ese primer nivel evitamos el desastre, superamos los peligros y renunciamos a la negatividad. Los Arcángeles nos mostraron el camino hacia la curación y el sendero evolutivo hacia un ser en totalidad. Nuestros Ángeles Guardianes nos guiaron a través de los ciclos de madurez y crecimiento.

Dirigimos entonces nuestras energías hacia nuestras relaciones, permitiendo a nuestros espíritus ser fortalecidos por medio de la purificación de nuestros pensamientos y actitudes, y soltando nuestros sentimientos bloqueados y negativos. Llegamos ahora a ese lugar dentro de las esferas celestiales, en donde reinan el amor y la sabiduría, y donde somos delicada y tiernamente guiados a conectarnos con la Fuente que vive en nuestro interior. Cuanto más nos aproximamos a la Fuente, más nos percatamos de que no se halla separada de nosotros; somos, de hecho, uno con ella.

Llegamos a experimentar la total Unidad de la Fuente en todas las cosas. No somos meramente testigos de la Creación, sino más bien, una parte intrínseca de la gloria que expresa esa Unidad.

Es en este Cielo donde se materializan nuestros sueños, pues este es el reino de los milagros. Aquí la creatividad está manifestándose en forma constante.

Los ángeles de este cielo nos ofrecen los mayores dones de amor y sabiduría.

Cuando abrimos nuestros corazones, nos vemos inundados por el gozo del amor de Dios hacia nosotros. A este nivel, operamos conjuntamente con los ángeles.

Los tres tipos de ángeles del Cielo del Paraíso son: los Serafines, los Querubines y los Ofanines, más conocidos como los Tronos (pues son los que más próximos se sientan junto al Trono de la Divinidad).

Los Serafines

Manifiestan la gloria de Dios expresándola en pura luz, que se propaga como principio de vida a todo el Universo. Purifican e iluminan todo lo que está cerca, por eso son los custodios en los lugares sagrados.

Los Serafines están asociados con la esencia misma de la creación. Ellos, en su luz, son los creadores de los milagros. Transmiten la energía de Dios para crear la sustancia elemental de la cual es formada la vida, y que penetra en todo el universo. Son conocidos como los Ángeles del milagro del amor. Nos ofrecen eternamente un amor incondicional. Alientan y apoyan nuestra evolución espiritual hasta el grado más elevado, hasta que somos uno con el espíritu creativo de la Fuente.

Se les llama el Ángel del Milagro del Amor, el Ángel de la Esencia del Amor y el Ángel del Amor Eterno. Representan el espíritu de magnificencia que conocemos como el amor incondicional y eternamente duradero. Es a través de los Serafines como llegamos a conectarnos con este amor y a reconocer su esplendor.

Los Serafines ofrecen a quienes buscamos este bienaventurado estado de unidad con la Fuente formas de sintonizar nuestras vibraciones con los niveles más elevados de conciencia. Pueden, por ejemplo, traernos el milagro de instructores o maestros especiales, tanto físicos como no físicos. Estos instructores son ellos mismos, seres que han entrado en contacto con la Luz y que, a través de diversos medios de purificación, han quemado la escoria de su negatividad, sometiéndose a la unidad de la vida.

Los Serafines nos recuerdan constantemente el milagro del amor, y de cómo somos renovados y transformados plenamente por esta portentosa energía.

A los Serafines se los representa con tres pares de alas, con las que se cubren el rostro y el cuerpo, para protegerse del intenso resplandor que emite Dios.

Los Querubines

Manifiestan la sabiduría de Dios y son responsables del ordenamiento del caos universal. Son los portadores del don de la alegría, y se los representa como bebés alados.

Los Querubines guardan la entrada al Paraíso. Son los portadores de la sabiduría final de este universo. Ayudan a todos los que están asociados con la sabiduría, y ofrecen fuerza a todos los que están sintonizados con la palabra de Dios. Cuando estamos sintonizados con la vibración de su amor, experimentamos las profundidades de conocimiento de nuestro interior. Este es un reflejo claro y directo de la sabiduría que canalizan hacia nosotros.

A los Querubines se los conoce como: el Ángel

de la Sabiduría, el Ángel del Discernimiento y el Ángel del Conocimiento. Son los mensajeros de Dios, compartiendo su plenitud de amor y conocimiento. Nos ofrecen la posibilidad de conocer los misterios de la vida a través de la transmutación del conocimiento en sabiduría. Son la pureza de espíritu, encarnada en los chiquitines que se saben a salvo y profundamente amados.

Los Tronos

Manifiestan la unión con Dios y son llamados Tronos, por ser los ángeles que según las tradiciones "sostienen" a Dios, son su trono en el Universo. Se los representa como seres inmensos con alas circulares, iluminadas con los colores del arco iris. Actúan como los "Ojos de Dios" y asumen la forma de corrientes arremolinadas de luz coloreada. Los Tronos son la forma angélica más próxima a la Fuente Divina.

Existen más allá de la forma y, sin embargo, su función angélica es la de transformar los pensamientos en materia.

Se los conoce como el Ángel del Ser, el Ángel del Poder y el Ángel de la Gloria.

Existen en el momento siempre presente, y a medida que progresamos y comenzamos a vivir como co-creadores del universo junto con la Fuente, descubrimos que existimos más completamente en el presente. De este modo somos atraídos a los reinos de la creatividad, el amor y la sabiduría.

Este es el Cielo del Paraíso, del que poetas y místicos han hablado a lo largo de las épocas. Todo lo que requiere de nosotros es que vivamos abierta y

confiadamente en el momento siempre presente, libres de las ilusiones que contaminan y atrofian nuestro espíritu.

El reino de los Tronos es el nivel más elevado al que pueden ascender los ángeles. Dan alabanzas y gracias interminables a la Fuente, sabiendo que este amor y misericordia perduran en la eternidad.

ÁNGELES GUARDIANES

"Cuando éramos pequeños, todos escuchábamos a nuestro ángel interior. Era la voz interior que sonaba con más brío: positiva, consoladora, alentadora. Era la voz de la verdad que nos atraía hacia nuestro ser más sublime y amante. Cuando en la vida adulta redescubrimos a los ángeles, nos damos cuenta de que aún tenemos esperanzas.
No ha pasado tanto tiempo, no hemos envejecido".

El concepto del Ángel Guardián existe en muchas religiones y culturas. En el tiempo de los babilonios y los asirios, a los Ángeles Guardianes se les llamaban Keribu (de donde procede la palabra Querubín) y se creía que guardaban los portales de sus templos y palacios.

Por otra parte, los romanos creían que los hombres y los niños eran protegidos por espíritus llamados Genios y las mujeres por otros llamados Juno (seguramente asociados con la iracunda esposa del dios Júpiter).

Los musulmanes creen en los guardianes de la humanidad llamados Malaika y en los espíritus conocidos como Jafaza, que protegen a los seres humanos contra los genios del mal.

Por su lado, los japoneses creen en espíritus guardianes llamados Kami.

El indio americano también cree en los ángeles guardianes, los cuales permanecen con ellos a través de sus vidas.

La Iglesia Católica enseña que los niños tienen dos Ángeles Guardianes, uno bueno y otro malo. Se dice que cada uno se sienta en uno de los hombros del niño, tratando de influir en sus acciones.

El día de los Ángeles Guardianes se celebra el 2 de octubre.

Los Ángeles de la Guarda, que se ubican dentro del Coro de los ángeles, se ocupan de la evolución espiritual y la protección ante todos los peligros que amenazan a los seres humanos, custodiándolos permanentemente.

Los Ángeles Guardianes protegen no sólo a personas, sino también a naciones, ciudades, iglesias y organizaciones. Los Ángeles Guardianes de las naciones se conocen como Etnarcas.

A cada ser humano le es asignado un Ángel Guardián en el momento de su nacimiento.

El Ángel Guardián guía al ser humano en el camino de la vida, pero no interfiere en su libertad de acción y su voluntad, ya que Dios creó al ser humano con libre albedrío para que él mismo escoja el camino que desea seguir.

Cómo percibimos al Ángel de la Guarda

Los Ángeles Guardianes utilizan una gran variedad de métodos para contactar a la persona. Entre estos métodos están la intuición, los sueños, la telepatía, el pensamiento y esa vocecita interna que a veces nos indica el camino a seguir y la cual nunca se equivoca. A veces utilizan a otras personas para enviar sus mensajes y pueden manipular las circunstancias de la vida diaria para asistir al ser humano en situaciones difíciles. Otras veces toman la forma de una persona, de un animal o simplemente se manifiestan en la apariencia que la tradición religiosa les ha dado: un ser de luz deslumbrante, vestido de blanco con alas refulgentes como de nieve.

Los ángeles, como las estrellas, "aconsejan pero no obligan". Es el ser humano el que debe hacer sus propias decisiones, siempre y cuando tenga la capacidad y voluntad de escucharlo.

Tampoco el Ángel Guardián puede modificar el destino o misión de cada persona en la tierra, y es por eso que muchas veces se ven niños pequeños morir a temprana edad. Las distintas tradiciones místicas concuerdan en que en estos casos, ese espíritu viene por corto tiempo a la Tierra. Por otro lado, cuando una persona buena, que se rige por las leyes divinas, tiene experiencias trágicas o tristes en su vida, esto es considerado también parte del destino de esa persona, lo que se conoce como karma en el Budismo. El Ángel Guardián nos cuida y nos guía, pero siempre dentro de las leyes que rigen al destino de la persona y de la voluntad de ésta. Por otra parte, cuando una persona se separa de las leyes divinas, el Ángel se distancia de él y no puede ayudarlo. Por esta razón es importante establecer un contacto directo con el Ángel Guardián, y la mejor forma de hacerlo es llamándolo a menudo, a través de meditaciones y de purificaciones, de invocaciones, de devociones y plegarias. Cada persona tiene dos ángeles protectores: el ángel que rige a su signo zodiacal y el ángel Guardián personal, el cual fortifica su espíritu y lo empuja hacia lo que es bueno y lo protege de lo que es malo. Pero cada persona tiene también un espíritu maléfico, su "genio del mal", el cual lo incita a pecar, a romper las leyes divinas y a destruirse a sí mismo y todo lo que lo rodea. El espíritu del mal funciona a través de las debilidades de una persona, sobre las que se ensaña. Se expresa especialmente en la ira y la intolerancia, el odio y la venganza. Por eso se dice que una persona que se enoja fácilmente o que tiene mal carácter, tiene "mal genio". Este mal genio es una referencia al espíritu maléfico que aflige a esa persona.

En la tradición esotérica este espíritu del mal se conoce como el "Habitante del Umbral". Es el que tienta al ser humano y lo lleva a la perdición; es la acumulación de sus bajos instintos. Entre el Ángel Guardián y el Ángel del Mal hay una lucha sorda continua, cada uno tratando de guiar o desviar a la persona hacia lo que el ángel rige: el bien en el Ángel Guardián y el mal en el Ángel Maléfico. Es el ser humano mismo el que decide quién gana la batalla, de acuerdo con sus acciones. Si prefiere el mal, se convierte en el servidor y esclavo de su genio maléfico. Si escoge el bien, el Ángel Guardián purifica su espíritu y lo ayuda a alcanzar la salvación.

La tradición esotérica enseña que una forma de asegurar el triunfo del Ángel Guardián sobre el

Ángel del Mal es conociendo el nombre del Ángel Guardián, a quien se llama con su nombre en momentos de necesidad.

Cómo conocer el nombre de nuestro "Ángel Guardián"

Debido a que el ángel es una entidad cósmica de gran poder es aconsejable prepararse mental y físicamente antes de contactarlo. Toda energía que proviene del inconsciente debe ser lo más pura posible para poder ser utilizada de forma efectiva. Por esto se recomienda abstenerse de comer carnes, de tener relaciones sexuales y de usar sustancias adictivas como drogas, tabaco, alcohol o cafeína durante 24 horas antes de todo ritual. Bañarse y vestirse de blanco es también aconsejable ya que el color blanco es símbolo de la luz, donde está encerrado todo el espectro solar. Quemar incienso, especialmente incienso y mirra, ayuda en la concentración, como lo es la música suave y etérea. Al amanecer del día siguiente, debe asearse, y en el momento en que está saliendo el sol, vestirse de blanco y enfrentar al Este de pie (que es donde sale el Sol y que simboliza las fuerzas positivas y creativas del Universo). Debe sostener en sus manos una vasija, que contenga aceite de oliva, hojas de laurel y un poco de incienso y mirra. Colocando los labios encima del aceite, debe repetir siete veces:

"Mi Ángel Guardián, ¿cuál es tu nombre?"

Luego, se abre un libro al azar (puede ser una Biblia o un diccionario) y se concentra en lo que desea antes de abrir el libro con los ojos cerrados. Debe colocar el dedo índice sobre la página derecha, y apuntar en un papel sin rayas la primera letra de la palabra que está directamente debajo del dedo. Esto se hace tres, cuatro o cinco veces, dependiendo de su intuición. Es decir, usted debe decidir con anterioridad, si va a abrir el libro tres, cuatro o cinco veces. Si decide abrir el libro tres veces, va a apuntar tres letras; si decide abrir el libro cuatro veces, va a apuntar cuatro letras; y si decide abrir el libro cinco veces, va a apuntar cinco letras. La mayor parte de las letras que apunte, ya sean tres, cuatro o cinco, van a ser consonantes, ya que existen más consonantes que vocales en el alfabeto. Si escribe sólo consonantes, debe proceder entonces a colocar cualquiera de las cinco vocales, a, e, i, o, u, en el orden que su intuición le indique, entre medio de las consonantes. Si escribe una combinación de vocales y consonantes, coloque las vocales donde se necesiten. Luego de que esto se ha hecho, debe añadir al final "el " u "on" al nombre que han construido las letras, ya que la mayor parte de los nombres de los ángeles tiene esta terminación (Miguel, Rafael, Gabriel, Sandalfón o Metratón).

Por ejemplo, si las letras que se apuntan son L J N, se le pueden añadir dos A y una I para componer el nombre: LAJANIEL. Ese es, pues, el nombre de su Ángel Guardián. Por otra parte, si escogen cuatro letras como A T R Z, se le puede añadir una I y la terminación ON, para formar el nombre ATRIZON, o la terminación EL para formar ATRIZEL. Esto es algo que usted mismo decide, guiado por su intuición y su propio Ángel Guardián, que le revela de esta manera su nombre.

Una vez que se sabe el nombre, se da gracias a Dios y a sus ángeles y se termina el ritual. Ya sabe cómo llamar a su Ángel Guardián en cualquier momento que lo necesite.

LOS ÁNGELES Y EL ZODÍACO

"Podemos ser siempre conscientes de la presencia de los ángeles en nuestra vida.
Cuando confiamos en ellos y sintonizamos su presencia, somos guiados y protegidos en la vida en la mejor de las formas celestiales".

Existen siete grandes ángeles a quienes los antiguos les adjudicaron control sobre los siete planetas y los doce signos zodiacales.

La tradición mística del siglo XX añadió tres ángeles a los siete adicionales, para hacer un total de diez, que son los que ahora rigen en unidad al zodíaco y al sistema solar.

Los signos zodiacales están divididos en triplicidades, cada una de las cuales es asignada a un elemento.

Cada elemento es regido por uno de los cuatro grandes arcángeles, Rafael, Miguel, Gabriel y Uriel. Las triplicidades son las siguientes:

Fuego: Aries, Leo, Sagitario (regido por Miguel)
Tierra: Tauro, Virgo, Capricornio (regido por Uriel)
Aire: Géminis, Libra, Acuario (regido por Rafael)
Agua: Cáncer, Escorpión, Piscis (regido por Gabriel)

Los doce signos están colocados en orden, de cuatro en cuatro, en el zodíaco. Son tres signos por cada uno de los cuatro elementos, distribuidos en el siguiente orden: fuego, tierra, aire y agua.

- Aries: Fuego, Miguel, Sur
- Tauro: Tierra, Uriel, Norte
- Géminis: Aire, Rafael, Este
- Cáncer: Agua, Gabriel, Oeste
- Leo: Fuego, Miguel, Sur
- Virgo: Tierra, Uriel, Norte
- Libra: Aire, Rafael, Este
- Escorpión: Agua, Gabriel, Oeste
- Sagitario: Fuego, Miguel, Sur
- Capricornio: Tierra, Uriel, Norte
- Acuario: Aire, Rafael, Este
- Piscis: Agua, Gabriel, Oeste

Las cuatro triplicidades y los cuatro elementos están íntimamente conectados con los Querubines de la visión de Ezekiel, que los describe como criaturas con cuatro rostros: el rostro de un toro (Tauro, elemento tierra), de un león (Leo, elemento fuego), de un águila (Escorpión, elemento agua) y de un hombre (Acuario, elemento aire).

El Libro de Enoch describe a los cuatro grandes arcángeles, y los identifica como estrellas creadas por Dios en el momento de la Creación.

Esto indica que los ángeles son fuerzas cósmicas con inteligencia y propósito.

Sasha
Angeles / Sasha ; 1a ed. - Buenos Aires : Dos Tintas Editores.
24 p. ; 20x20 cm.

ISBN 987-1243-34-0

1. Angeles. I. Título
CDD 291.215

© Dos Tintas SA
Dos Tintas SA
Balcarce 711 - Ciudad Autónoma de Buenos Aires - Argentina
info@doseditores.com
Hecho el depósito que marca la Ley 11.723

Impreso en Argentina
COLORGRAF. Caviglia 27 - Wilde - Provincia de Buenos Aires.
Septiembre de 2017